AF234982

ELLA AUSENTE

ELLA AUSENTE

Eduardo Merino Merchán

Para Esperanza, todavía

Y para vosotros, hijos, que también

Sólo hay un idioma que yo reconozco:
el de tu amor
el de mi amor.

Tú eres mi idioma y mi casa.

La lengua en que me entiendo
el lugar en que me vivo.

... cuando hablo
de todo esto, de todo esto que habla de ti
y de lo que es tan difícil de hablar.
Así te hablo a ti.

Henrik Nordbrandt

Porque una casa sin ti es una emboscada.

Joaquín Sabina

Y es que tú te quedaste en los objetos
como se queda el roce en las estatuas:
suavizando la piedra hasta humanarla.

José Luis Morales

LA AUSENTE

Quienes están ausentes volverán para conocerte.
[DE UN CUADERNO ENCONTRADO EN PADILLA LIBROS]

Ella
la que está ausente pero está
arroja con su nombre una semilla:
su anhelada idea de nuestra felicidad.
La que nos desea.

Así bella y generosa es
la que está ausente.
Pero está.

Nosotros sí conocemos tu nombre

No sé tu nombre. Yo me llamo Esperanza.
[De un cuaderno encontrado en Padilla Libros]

Nosotros sí conocemos tu nombre.
Tu nombre es el cincel que graba
los caminos que recorrimos juntos.
El lápiz que dibuja el mapa
eterno de nuestra conversación.

Tu nombre es la vida que persiste:
la viga que sujeta el muro
y la piedra con la que levantamos
para siempre nuestro palacio.

Este otoño nos ha quitado tanto.
Pero tu nombre deja un rastro que perseguimos.
Una huella que nos guía por tu ausencia.

PERDER ESTA TRISTEZA SERÍA TRAICIONARTE

Diciembre vino lluvioso como antes.
Y aunque incomoda el paseo y la ropa tendida
y ensucia los cristales que protegen
el reducido espacio que habitamos
sé que te gustaría porque aviva tus plantas
y tus doloridos pulmones.

Ojalá este invierno dure lluvioso y apagado.
No quiero que despunte una luz nueva
que abra una brecha en mi silencio
y oculte la derrota serena que me ampara.

Quiero esta condena en la que vivo. Esta calma
brutal que me ha vencido.

Perder esta tristeza sería traicionarte.

Adamar II

Yo te decía prestándome a Clara Janés
—que a su vez recordaba a Juan de Yepes—
que es *adamar* la palabra
más bella y misteriosa del idioma.

Quizás la maltraté con mi poema.
Pero es la palabra que necesito
cuando pretendo expresarte mi amor.

Adamar y tú
las más hermosas.
Las que rescataron este barco del naufragio.
El ancla en la que vivo.

SU AFORTUNADA POCA EDAD

Cuando llega y cruza el largo pasillo
dice «no está».
En realidad dice «nostá»
mirando tu sofá deshabitado.
Ese triste sofá que no te olvida.

Y él sigue jugando
porque su poca edad
lo protege de la nostalgia.
Afortunado.

EL ÁLBUM DE SU VIDA (LEO)

Tus lápices tus proyectos. El álbum
que dibujabas de su vida.
Las cartulinas y fotos a medias pegadas.

Todo está varado en una mesa museo.
Todo busca su lugar y un destino
que yo aún no conozco. Un asilo
con mucha luz que habite tus recuerdos.

Esa pequeña rama verde que te alargó la vida
—y hoy todavía tan sólo un esqueje—
sabrá algún día qué es el amor
y aunque no te recuerde te querrá.

Tú sabías que era escaso tu tiempo
y por ello tus prisas.
Él sabrá que el suyo es largo y feliz.

APRENDER UNA CASA

Desconozco tantos secretos de nuestra casa.
Por ejemplo dónde se esconde
la funda de la almohada o en qué lugar hallar
los retales que usabas para espantar el polvo
de los muebles y enlucir nuestra vida.

Cómo se limpia la alfombra que ahora
oculta en silencio tus pasos.

Cuando tiendo la ropa no sé si estoy tendiendo
mi soledad o mi tristeza.
Sobre todo no encuentro la paz que tú me dabas.
No sé si está en la mesilla de noche o si sigue
reflejada en el espejo antiguo del salón.

Es difícil de repente aprender una casa.
Aprender una vida.
No es que la casa esté vacía. No es
porque yo parezca un ciego desvelado. Y solo.
Es que en ella no estás tú.

DESCANSA EN PAZ

Descansa en paz.
Pero no puedes porque sabes
que me has dejado atrás.
Que nos has dejado sin brújula
y sin viento que empuje nuestras vidas.

Descansa en paz. Pero no puedes.
Te has dejado aquí la belleza
y la luz que nos guiaba.
Se ha borrado el camino que sereno
llevaba hasta tu patria.

Pero descansa en paz. Te lo mereces
como aún mucho más te merecías la vida.

Deambulamos

Tu perra tiembla en la tormenta.
Tu perro gime con el viento.
Son sus miedos de siempre.
Yo recubro sus fríos con mis manos.

Hoy este trío deambula
por un pasillo incierto.
Ahora somos huérfanos
que imploran tu mirada.

Ahora este trío llena una vieja maleta
para aprender a vivir tu ausencia.

Escalinata de San Amaro

Me conducen a la escalinata de la iglesia
donde te sentabas con ellos si había sol.
A veces yo con vosotros. Allí
es creo cuando más te echan de menos.

Me siento. Ellos se sientan a mi lado
como contigo.
Miramos el trajín del bulevar.
Allí es me parece cuando no te echo de menos
porque siento que estás junto a nosotros.

No hablamos pero estamos. Te sonrío.
Acaricio a los perros.
Te acaricio.

Beso los labios de mi mujer muerta

Beso los labios de mi mujer muerta.
Beso los labios y la cara de mi mujer.
Mi mujer recién muerta.
Beso tus labios todavía vivos
o dormidos. Dormidos para siempre.

Cojo la mano de mi mujer muerta.
Mi mujer recién muerta
en esta tarde tan lenta y oscura.
Acaricio tu mano que aún vive
todavía tan mía como tuya.

Y quiero que me traspases tu muerte.
Que me traspases con tus labios y con tus manos
tu dolorida muerte. Abrígame
con tu muerte y quédate con mi vida.
No me dejes solo en tierra quemada.

Odio a la gente feliz

Odio a la gente feliz que pasea
de la mano. Que ríe en las terrazas
y quema sus afanes en los parques.
No es por su sorprendente felicidad. No sé
si en verdad son felices.

Los odio porque tú no estás.
Porque escogiste —sin querer—
el exilio y no atendiste mi inútil llamada.
Ni siquiera los odio. Es sólo
que transito por un sendero que no conozco.
Por un tiempo que se halla
entre el recuerdo y la nostalgia.

Por un tiempo que habita en la tristeza.
Y en la pena. Sí odio
a la gente que parece feliz.

PERCHAS DESNUDAS

Estas perchas desnudas en tu armario
—sin prisas repartimos el botín
abundante y hermoso que legabas—
son la certeza del vacío definitivo
y cruel que dejarás en esta casa.
Quise conservar sólo un apreciado
y antiguo vestido. Tu última boina y un pañuelo
con el que te percibía bella y seductora.
He guardado además aquel bastón
que ayudaba a tu cuerpo en el cansancio.

Quienes te estimaban también quisieron
alumbrar las costuras de tu vida
y pasear tu recuerdo como un fruto
feliz que no se extingue.

El resto —y era mucho— fue donado.
Otras personas llevarán tu ropa
tu olor
tu gusto
y no sabrán quién eras.
Tampoco sabrán cómo era el sabor de tus labios
ni los gestos brillantes de tus ojos.

    ... buscándote las manos en el viento
    y los ojos en las sombras de un pañuelo azul.

LAS COSAS QUE TÚ HACÍAS MEJOR

Las cosas que tú hacías mejor
—casi todas—. Arreglar los viejos desconchones.
Mantener vivas las amistades. Entender
las inquietudes de los hijos.
Enfundar un edredón. Cimentar
un puente entre mi enfado y el tuyo.
Conseguir siempre un asiento en el metro.
Tender la ropa con la mejor delicadeza
para no destejer nuestra armonía.
Las cosas que tú hacías mejor —casi todas—
tengo ahora que hacerlas yo
pero me falta aprendizaje
y el empuje que tu calor me daba.

Un verso a punto

Yo que siempre tenía un verso a punto
que vagaba conmigo a todas partes
y se lucía abierto en mi cuaderno
buscando compañía en otros versos
queriendo ser poema. Luego...
salía o renunciaba.

Pero era mi forma de estar
conmigo y conocerme.

Hoy que transito la tierra baldía
horadada por tu rostro perdido
y el temblor de tus manos
mi verso está vacío y en barbecho.
Mis únicas palabras custodian tu mirada
y el escondido refugio donde te resguardo.

Oír la noche inmensa...

Ponerte el desayuno que no te tomarás.
Organizar las pastillas del día.
Cambiar los parches que te alivian.
Encender la máquina que oxigena tu ahogo.
Observar con espanto tu cara de dolor.
Llevarte cuando toca —tantas veces—
al hospital. Devolverte a casa devastada
y deprimida. Dormir tu cansancio.

Incluso estas cosas tan duras echo de menos.
No quiero que sufras pero te quiero conmigo.

Oír la noche inmensa, más inmensa sin ella...

No podrá ser

Pasear juntos.
Arrastrando casi los pies. Quizás un bastón.
Los cuerpos encogidos. Y mis manos
ya sabes siempre en los bolsillos.

Esperar a veces con ansia las visitas:
hijos nietos. Amigos que nos nutren
con su amor y nos aventan alegres
la pereza y las costumbres.

Tomar el sol de mediodía
en el centro del patio o en la huerta.
Oír la lluvia cuando la lluvia en el tejado.
Sentir la calma que trae la espiga.

Saludar a la noche y al frío
en el refugio de una chimenea.
Pasar el tiempo hasta el rocío al amanecer.
Volver a pasear.
A nuestro alrededor los galgos corren.

No podrá ser. Hemos perdido
la vejez que quisimos compartida.

Tú te quedaste sin tu vida.
Yo sin la tuya y sin la mía.

Aniversario (sin ti)

He comprado flores como solía.
He llenado también la casa con los olores
que tú elegías. Jazmín y naranja.
He preparado tu mejor comida.
Luego quizás vendrán los chicos
para besarnos y felicitarnos.

Te he abrazado como si estuvieras.
Me has abrazado como si estuvieras.
Y como cada veintiuno de marzo
ha llamado tu madre.
Tú no has podido ponerte.

He recordado igual que siempre
nuestros primeros días.
He recordado sólo los mejores momentos
porque hoy no cabe la oscuridad.
Y porque estos pocos meses sin ti
—que sin embargo ya son muchos—
son la cicatriz que has dejado
en esta isla que tengo que aprender.

Quiero decirte en este
aniversario sin ti
que deseo que nuestra casa
parezca siempre la tuya: tus flores
tus olores tus libros. Las paredes
que adornaste. Tus plantas —sobre todo
tus plantas— que yo no sé cuidar tan bien.

Las velas
que quedaron a medio consumir
y tantas otras cosas con las que hiciste
vital y entrañable esta casa.

Quiero decirte en este aniversario
que limpio cada día y cada día
cuido que todo esté en su sitio
para cuando tú regreses. Ya sé
que he de aceptar la idea de tu marcha.
Ya sé que no has de regresar.
Pero necesito decirme que volverás.

Mi alma no se contenta con haberla perdido...

El viaje de una célula

Siete de mayo
dos mil diecinueve.
El peor día en nuestras vidas.
Una mancha en el pulmón lo nombraba.
El mejor sin embargo
de los que íbamos a vivir
en los siguientes tres años y medio.

Nueve de octubre dos mil veintidós.
El viaje de una célula
es el rastro de nuestro calendario.

La voz que más quisiste

Hay en mi casa un estante con relojes
viejos y sin aliento. Desteñidos.
Vacíos de horas pero no de tiempo.
Son el rastro perdido de mis años
y el discurso oculto de mis rutinas.

Aunque ya no hablan nuestro idioma
saben y cuentan
del desorden que acerca tan de pronto
los recuerdos al surco del olvido.

Conocen los gastados gestos
de mis manos y el territorio
fugaz de mi mirada.

Se cuidan en silencio de mis días.
Y me dicen:
                    por aquí pasó también
                    —y todavía pasa—
                    la voz que más quisiste.

Mal adivino

Una vez escribí:
Algún día tú y yo
ganaremos una batalla.

Pero no somos del linaje
de los que vencen.

Y yo no soy un buen adivino.

Tu voz

Sólo busco tu voz
que estoy seguro que anda por aquí.
Sé que no tu mirada
pero sí un eco tuyo. Un síntoma
de este latido que todavía estoy sintiendo.

Bueno tu mirada también.
Tanta foto que acude a su rescate.

Primera lectora

Querías saber de cada palabra.
Me recababas explicación de cada verso.
Yo me escapaba con alguna excusa retórica
que no te convencía.

Primera lectora y exigente
querías que mi verso fuera diáfano.
Que no lo invadiera con imágenes difusas
y se viera a las claras el sentido.
Siempre lo procuré. No siempre fue fácil
—conocías
bien mi hacer descuidado—.

Yo sólo quería darte un poema
de vez en cuando. Navegar
el idioma común de nuestro amor.

Escribía de ti. De quien
hoy no puede leerme.

Oigo tu tos

Oigo tu tos. Y no la encuentro.
Quiero socorrerte con el oxígeno
de nuestra intimidad.
Tu tos es la monotonía
que me mantiene alerta.
Las sílabas entrecortadas en el silencio.

Tu tos que se escapa por una puerta
que no pude cerrar.

Oigo tu tos y no te encuentro.
Intemperie.
Una orilla desnuda que no alcanzo.

Generosas

Ha muerto Rosa
y yo no sé qué decirle a mi hermano:
que he llenado con rosas nuestra casa
y que le quiero. Desde que te fuiste
apenas sé qué decirme a mí mismo.

Mientras paseo al perro
tristes los dos como dos viudos tristes
—tu perrita también ha muerto—
un mirlo en el parque asomado
a una rama me mira como diciéndome algo.
Un consuelo quizás. Una señal.
Ya sé que habitas en todos los pájaros
y en cada hoja de todos los árboles.

¿Habrá algún lugar en que Rosa y tú
pudierais encontraros?
Os llevaríais bien. Generosas y esforzadas
amparabais nuestras vidas.
Ahora sois refugio de nuestra soledad.
Vuestras voces llenan con los perfiles de su eco
los asombrados rincones de nuestros hogares
que con empeño y cuidado adornasteis.

Para nuestros cansados corazones
ya casi todo es póstumo.
O prematuro.

No es la casa

No es la casa
—repito al bienintencionado—
lo que se me viene encima.
Es más sencillo y difícil.
Es más triste:
tu mano
que no me ayuda a respirar.
Que no late junto a la mía.

Está la ropa limpia que te espera.
Y el polvo que acumula
días sin sueño.

Beso furtivo

No espero
la llamada de nadie.
Nadie me espera que me diga:
Despierta todo se ha acabado.

Miro una y otra vez esa foto
revelada en blanco y negro
en la que nos besamos
furtivamente en medio de la fiesta.

Yo te espero.
Inútilmente.

QUIEN BIEN TE QUIERE

Quien bien te quiere te hará llorar.
Tú por ejemplo
quien más me quiso. Y sé
que te duele el daño que me hiciste.
Tú no querías.

No lo conociste

No lo conociste.
Nació cuando te ibas.
Su sonrisa me dice sin embargo
que os encontrasteis en el camino.

Se llama Nicolás.

Algarabía. El linaje de los sueños

Hemos regresado a Las Navezuelas.
A buscar un poco de ti.
Oír la algarabía de los pájaros
—ya otros pero quizás los mismos—
que tanto les gustaba a nuestros hijos
hoy ya los adultos que me acompañan.
Habitar el linaje de tus sueños.

Estando aquí nos faltas
pero a ratos parece que estuvieras.
Tratamos de encontrarte
en los sitios que te hicieron feliz.
Ahora aquí. Pronto Cedeira o Ribadesella.
Quizás Berria o el Cabo Vidio.
Junto a la rama verde que te alargó la vida.

Nos quedará para siempre pendiente
el rincón que amparó tu bienestar
en los últimos años. Vieja casa prestada
donde hallábamos la tranquilidad.
Ese lugar que a mí hoy me haría más frágil.

Nada se parece más al silencio
que el rumor tumultuoso de los pájaros.
Nada más existe.
Luego llegará el ruido de la noche.
La algarabía de recuerdos que es la nostalgia.

Es junio y miro un pausado atardecer sin ti

en un lugar que amaste
y quisiera llamar para contártelo.
¿Adónde?

También al parecer tu amor fue un préstamo
con fecha de caducidad.

Abandonado como los muelles en el alba.

Mesa descolorida

La mesa que ha perdido su color
pues tú ya no te ocupas de cuidarla.
La mesa en la que apoyo este cuaderno
en que escribo que la mesa está descolorida
porque tú ya no estás para alumbrarla.
La mesa que sostiene mi cuaderno
en el que escribo que tú ya no estás
y que la tengo un tanto descuidada.

La mesa y mi cuaderno. Y mi sosiego
que a menudo se enturbia
                    en mi voz seca.

Un largo amor

Entre el lejano y enamoroso agosto
de 1976 tan nerudiano para nosotros
—*la besé tantas veces bajo el cielo infinito*—
y este primer agosto en que no estás
ha pasado y pasado nuestra vida
y ha pasado tu muerte que me mata.
Hemos vivido y sobrevivido muchas cosas
que no me paro a relatar.

Tan sólo que hubo un largo amor.
Qué corto sin embargo.

También en este nuevo agosto falta la brisa
que nos acariciaba entonces
en el Paseo del Moro ¿recuerdas?
en Cazalla.

La carta

He vuelto a leer aquella carta
que escribiste de puño y letra hace unos años
en una necesaria y breve separación.
La encuentro entre papeles que reviso
para aligerar mis cajones y mi memoria.
Y es como un relámpago que rompiera
en mi ventana silenciosa.
Leo de nuevo tus palabras
tristes porque trasladan al papel
y a mi corazón tu dolor antiguo.
No la necesitaba para saber tu amor
pero leyendo parece que te oigo a mi lado.
Y puedo recordar que no sólo tu pulmón
te ha traicionado.

Jamás leeré más limpia declaración de amor.

YO ME MENTÍA

Mientras te alejabas
yo me mentía:
volvemos a casa
hacemos las maletas
recogemos a los perros.
El largo viaje en coche.
El Castaño casa prestada
el patio
la huerta
el reposo
continuar nuestro otoño
como si nada.
Yo me mentía
mientras tú te alejabas.

Es casi otoño de nuevo.
Yo me sigo mintiendo.

Ámame, compañera. No me
abandones. Sígueme.

Cumpleaños

Tengo en mi memoria
tu sonrisa distraída y tierna.
La mirada consumida y vacilante
de tu último cumpleaños. Tú estabas
y no estabas al mismo tiempo.
Al mismo tiempo eras la claridad y la ausencia.
Pero yo
pero nosotros
teníamos tu vida:
el pulso que aún no habíamos perdido.

Me levanto temprano como siempre
para buscar tus labios
que ya no me esperan. No sé
cómo enfrentar este nuevo día de septiembre
sin tu aliento y sin tu abrazo.

LOS DÍAS COMO HOY

Los días como hoy
en que me enfado contigo
porque no estás.

Los días como hoy
en que pienso que tienes la suerte
de no sentir lo que yo.
De no ser una viuda
atrapada en una red
mirando el vacío.

Los días como hoy
en que me enfado conmigo
por no saber llegar hasta ti.

Sin futuro. Otro nueve de octubre

Llega de nuevo octubre
y trae un día nueve triste
y rencoroso con la vida.
Había luna llena.
Entonces no lo supe:
sólo miraba tus ojos que se iban.

Mañana no existe
les dije ayer a nuestros hijos.
Mañana es hoy:
otro nueve de octubre.

En estos doce meses sin tu vida
en que me he quedado sin horizonte
sin raíces y sin idioma
me escondo tras una gruesa persiana de esparto
—de esas que tanto te gustaban—
para escaparme de la luz y seguir buscándote
en las esquinas de nuestro pasado.

El futuro es ya una quimera
abolida por los recuerdos.

ED È SUBITO SERA

Ya sabes cómo me gustaba
aquel poemita de Quasimodo.
Lo leíamos y lo dábamos por bueno
pero nunca lo creí del todo:
sabía que en el corazón de la tierra
y en cualquier otro lugar
yo estaría siempre traspasado por tu rayo de luz.
Hoy sin embargo he aprendido lo más cierto:
no hay sol que disipe esta tristeza.

INVENCIBLES

Invencibles.
Seremos invencibles. Una mancha
incluso tan grande no podrá romper nuestros sueños.
Valientes. Seremos valientes.
Serás valiente.
Qué palabra absurda. No se puede ser valiente.
Se vive con miedo y con dolor.

Haces —hacemos— lo que nos dicen. Sufres
sufrimos —sufro contigo pero no es lo mismo—
las consecuencias
de la radio de la quimio. Luego
la inmunoterapia. Intentas
—y yo contigo pero no es lo mismo— vivir.
Hacer una vida.
Luego resistir. Resistir la vida.
Eso no es valentía —tú lo dices—.
Eso es lo que se puede hacer. Lo único
que puedes
—y yo contigo pero no es lo mismo— hacer.

Invencibles pero vencidos.

Por lo que eres ahora para mí.
Por lo que serás en el desorden de la muerte.
Por eso te guardo a mi lado
como la sombra de una ilusoria esperanza.

ÁLVARO MUTIS

Murió mi eternidad y estoy velándola.

CÉSAR VALLEJO

Versos y cursivas

Los así señalados en los poemas «Perchas desnudas», «Mal adivino» y «Primera lectora» son, de anteriores libros, versos de mi autoría que preciso rescatar. El resto son nerudianos y conocidos, pertenecen al *Veinte poemas de amor y una canción desesperada* que felices y juntos leíamos Esperanza y yo en los primeros días de nuestro conocimiento.

Nota del autor

ÍNDICE

El coraje de las sombras
Coral Rodríguez Vega

La luz contraria
Germán Pinto

Rumor de la marea que baja
Fernando José Carretero

Sol invicto
Cristina Migallón

Ítaca bajo el mar
Ángel Antonio López Ortega

En papel
Luis Miguel Malo Macaya

La inquietud de las flores
Isabel F. Bernaldo de Quirós

No te dejaré
Gonzalo Sanabria

Nadie me dijo que soñara
Jesús Miguel Horcajada

La sed insumergible
Eugenio Arce Lérida

Libro de los papeles perdidos de Tamar de Córdoba
Rosana de Aza

Ella ausente
Eduardo Merino Merchán

Esta edición quedó dispuesta para la tinta
en septiembre de 2024,
la luz era en el nombre alba y crepúsculo